MÉMOIRES

D'UN

EX-FONCTIONNAIRE CONFIDENTIEL DU MINISTÈRE DE L'INTÉRIEUR

SUR LE

PERSONNEL GOUVERNEMENTAL

DE LA

RÉPUBLIQUE

CINQUIÈME LIVRAISON

PRIX DE LA LIVRAISON

SOIXANTE-QUINZE CENTIMES

IMPRIMERIE WERTHEIMER, LEA ET CIE, CIRCUS PLACE, LONDON WALL, LONDRES.

PAR ABONNEMENT

24 Livraisons   ...   .   **12** francs

Adresser tous Mandats à MM. Wertheimer, Lea et Cie, Circus Place, London Wall, Londres.

M. CONSTANS

On annonce de tous côtés que M. Constans va être bombardé ministre plénipotentiaire et envoyé *extraordinaire* près la Cour de Pékin.

Cette nouvelle, aussi étrange qu'inattendue, m'oblige à reprendre le linge sale de ce triste personnage, que j'avais laissé momentanément de côté, pour en continuer publiquement la lessive.

Je ressaisis donc, avec mes pincettes, ce vaurien politique, et le remets sur le grill dans le chapitre consacré à Mme D...

Mais j'y pense, voilà un ambassadeur, si toutefois, il vient à être nommé par M. de Freycinet, qui ne répandra pas une bonne odeur dans le corps diplomatique.

Pouah !

MÉMOIRES

D'UN

EX-FONCTIONNAIRE CONFIDENTIEL DU MINISTÈRE DE L'INTÉRIEUR

SUR LE

PERSONNEL GOUVERNEMENTAL DE LA RÉPUBLIQUE

No. 5.   22 JUIN 1886   VOL. I.

TABLE DES MATIÈRES

WALDECK-ROUSSEAU

(*Suite.*)

Le 20 décembre, j'eus l'honneur d'avoir avec M. Bardoux, chez lui, rue de Naples, une très longue et très importante conversation que je communiquai le soir même à Waldeck dans les termes suivants :

M. Bardoux m'avait exprimé le regret que les circonstances dans lesquelles la politique l'avait placé ne lui eussent pas permis de prêter son concours, comme rédacteur du *Gaulois*, à M. Jules Simon, qui a été son maître, après M. Thiers, et pour lequel il a autant d'estime que de respect.

Il m'avait annoncé qu'il devait entrer aux *Débats* où il voulait défendre la politique libérale qu'il allait d'ailleurs exposer, sous peu de jours, à Clermont-Ferrand, dans une réunion que ses amis étaient en train d'organiser.

On avait fait courir le bruit, m'avait-il dit, qu'on lui avait offert une ambassade après sa malheureuse campagne en faveur du scrutin de liste, mais c'était là une grave erreur, car l'opportunisme n'avait pas pour principe d'être reconnaissant.

M. Bardoux avait ajouté qu'il ne se portait pas candidat au Sénat dans le Puy-de-Dôme, ainsi qu'on l'avait publié dans plusieurs journaux, mais qu'il poserait sa candidature pour le premier siège vacant de sénateur inamovible et qu'il espérait être élu, quoiqu'il fût sûr d'avoir contre lui au moins quarante voix républicaines.

Revenant sur les incidents qui avaient marqué la constitution du Cabinet, l'honorable ancien Ministre m'avait appris que M. Léon Say, sondé par Gambetta, avait nettement déclaré qu'il était hostile à la conversion de la rente et au rachat des Chemins de fer par l'Etat et que c'était pour cela qu'il n'avait pas reçu le portefeuille des Finances.

M. Bardoux avait ajouté que, quant à lui, après avoir sérieusement étudié cette question, en sa qualité d'administrateur du Chemin de fer d'Orléans, non seulement il s'était prononcé contre cette mesure, mais encore que, pour avoir dans la presse antiopportuniste un éloquent défenseur des intérêts de la Compagnie contre les exigences gouvernementales, il avait proposé au Conseil d'Administration de s'adjoindre M. Jules Simon.

Enfin, M. Bardoux pensait que la révision, votée ou non par le Parlement, serait pour le Ministère un boulet rouge comme avait été pour M. Thiers l'élection Barodet, et qu'elle deviendrait la principale cause de sa chute.

Rousseau, qui avait roulé des cigarettes pendant tout le temps qu'avait duré mon rapport verbal, partit, quand j'eus fini de parler, d'un tel éclat de rire, que le chien de garde Noël, qui n'était pas habitué à une telle excentricité de la part de son maître, entrebailla la porte de communication, pour s'assurer sans doute si celui-ci n'avait pas été pris d'une attaque soudaine de folie.

Mais Waldeck n'était pas devenu subitement fou; il n'était même pas malade; il avait eu simplement un accès d'ironie et de dédain contre l'honorable M. Bardoux, qu'il s'empressa de qualifier d'idiot fantaisiste, dès que son hilarité se fut calmée.

Or, comme j'étais profondément froissé de cet offensant propos à l'égard d'un homme que sa probité et son amabilité dans l'exercice du pouvoir, ainsi que ses éminentes qualités avaient signalé à l'estime publique, je crus devoir, avant de quitter le fantoche ministériel, lui dire que j'avais vu aussi M. de F..., ancien Ministre du 16 mai, lequel m'avait appris que si M. Challemel-Lacour n'avait pas assisté, le 9 novembre, au dîner traditionnel du Lord-Maire de Londres, c'était parce que ce haut dignitaire n'avait pas crû pouvoir l'inviter, en raison de la présence à l'Ambassade française de la *Dame* belge, qui servait d'amie intime à l'Ambassadeur.

Cette fois, Waldeck n'éclata pas de rire; il se mordit les lèvres et ne répondit rien.

M. Bardoux était presque vengé! Mais comme je ne trouvais pas le châtiment assez dur, j'ajoutai ce qui suit, au sujet du triste personnage qui représentait alors si piteusement la France auprès du Gouvernement anglais :

Que M. le Comte W... m'avait communiqué, d'après des renseignements puisés aux meilleures sources, que le *collage* de ce ridicule Diplomate avec Mme X... avait eu lieu, à Bruxelles, dans les circonstances les plus bizarres et qui étaient loin de faire honneur à sa délicatesse et à sa moralité.

M. Ch.-Lacour qui, durant son exil en Belgique, s'était lié avec le fils de l'ancien Directeur du Conservatoire de Bruxelles, aurait trouvé dans le foyer de ce naïf non seulement l'accueil le plus empressé, mais encore une place à la table de famille, et aurait, d'après le Comte W..., répondu à ces gracieusetés et à la confiance de son généreux ami en séduisant sa femme et en lui faisant abandonner le toit conjugal.

Mais la lune de miel n'aurait pas été de longue durée dans l'irrégulier ménage, et le futur Ambassadeur se serait bientôt trouvé dans l'obligation de se démunir non seulement de ce qui lui appartenait, mais encore d'un très riche bâton d'honneur que les artistes de la Monnaie, dans un jour d'enthousiasme pour un de ses plus grands succès au pupitre du théâtre, avaient donné au père du mari, bâton qui se trouvait accidentellement en la possession de l'épouse infidèle.

Puis, le couple interlope, après avoir traversé des jours bien sombres, presque sans pain, se serait rendu en Suisse et y aurait trouvé un asile au sein d'une famille honorable qui habite actuellement Paris, que je pourrais nommer et dont M. Ch.-Lacour, toujours avare de reconnaissance, avait eu bien soin de ne pas se souvenir au milieu de ses dignités et de ses grandeurs.

Bien entendu, je ne relate aujourd'hui que sous toutes réserves les racontars du comte W..., dont je fis part ce jour-là à Waldeck-Rousseau, car je n'ai jamais pris la peine de faire rechercher si les faits auxquels ils se rapportent étaient exactement vrais ; mais, si j'y étais contraint, je pourrais aisément me renseigner à leur sujet, puisque je connais toutes les personnes qui ont été mêlées aux incidents qui ont marqué dans l'exil de l'ex-Ambassadeur.

J'aurais même pu en dire beaucoup plus long au Ministre sur les faits et gestes de cet étrange diplomate ; mais, comme Waldeck me sembla assez profondément humilié, et que je jugeai qu'elles avaient fourni à M. Bardoux une revanche assez éclatante, j'arrêtai là mes communications.

*   *   *

Le 21 décembre, j'allai voir, vers dix heures du matin, un honorable et très distingué Sénateur, M. B..., ancien ministre, très estimé de tous ses collègues, et bien connu par son libéralisme et sa tolérance politique.

Après m'être entretenu avec ce personnage du renouvellement partiel du Sénat dont la date approchait et au sujet duquel il éprouvait certaines craintes, ainsi que de l'attitude militante de M. Jules Simon qu'il était loin d'approuver, il me raconta ce qui suit :

M. Marmier, de l'Académie Française, s'étant rendu quelques jours auparavant à l'Elysée pour faire agréer, selon l'usage, les nouveaux élus par le Chef de l'Etat, avait eu avec M. Grévy, dont il est l'ami, une conversation très importante.

Entre autres choses, le Président de la République aurait dit à l'honorable Académicien que Gambetta désorganisait tous les services et qu'il essayait même d'exercer le pouvoir exécutif, mais que tout cela aurait bientôt une fin, et qu'avant peu, si l'ex-Dictateur ne modérait point ses penchants usurpateurs, il se verrait forcé de prendre lui-même le gouvernail des affaires publiques et de se débarrasser de cet ambitieux personnage, à qui il ne voulait pas donner le *temps de faire un mauvais coup*.

Telles sont les paroles que, d'après mon éminent interlocuteur, M. Grévy aurait prononcées ; lesquelles, je le répète, lui avaient été rapportées par M. Marmier, que je retrouve dans mes notes où elles furent reproduites quelques instants seulement après ma visite à ce Sénateur, pour qui je professe le plus grand respect, et dont la véracité ne saurait être suspectée.

Comme on doit bien le penser, je ne manquai pas de faire part, le soir même, à Waldeck-Rousseau de l'opinion défavorable qui aurait été exprimée sur son maître par M. Grévy, et de l'intention qu'aurait manifestée le Chef de l'Etat de ne pas permettre au Président du Conseil d'empiéter sur ses prérogatives, ce dont le piteux ministre se montra tout abasourdi.

Mais, après s'être remis de son trouble, ce pleutre, reprenant toute son outrecuidance, osa me dire que si M. Grévy avait tenu de tels propos, il avait non seulement émis des prétentions ridicules, attendu que ses soi-disant prérogatives ne lui donnaient pas le droit de gouverner, mais encore qu'il s'était rendu coupable *d'ingratitude* puisqu'il devait absolument la haute situation qu'il occupait au *patronage* et au concours aussi dévoué que désintéressé de M. Gambetta.

Ce fut à mon tour d'être ahuri en entendant cette déclaration effrontée, mais comme je ne pouvais rien dire, je me contentai de *tirer mentalement l'échelle*, et je sortis du cabinet ministériel plus convaincu que jamais que le polichinelle dont j'étais l'agent confidentiel était un drôle et le dernier des goujats.

Je ne revis Waldeck que le 25 décembre, lendemain de la Noël. Comme j'avais pris quelques jours de congé, et que pendant mon absence de Paris je n'avais été en rapport avec aucun personnage politique, je dis au Ministre, en l'apercevant, que je n'avais aucune communication à lui faire et que je venais tout simplement prendre ses instructions.

" Eh bien, moi, j'ai à vous parler, me répondit le Ministre en se frottant les mains.

" J'en ai appris de belles sur Wilson et sur Léon Say, et je voudrais que vous puissiez bientôt me confirmer les renseignements suivants qui m'ont été fournis sur ces deux intrigants politiques.

" Il paraîtrait, continua-t-il, que M. GENDRE est l'intime ami d'un ancien imprimeur de Beauvais, un sieur Laffineur, qu'il aurait fait entrer, sous M. Jenty, comme directeur de la correspondance financière à la Banque Parisienne, en remplacement d'un certain Rodolphe Burghes qu'on venait d'en éliminer, et que plus tard, d'accord avec M. Lalou, successeur dudit M. Jenty, M. Wilson aurait envoyé ce même Laffineur à Tours pour y fonder la *Petite France*.

" Quatre cent mille francs auraient été souscrits par des receveurs généraux et des receveurs particuliers pour aider à la création de ce journal antiministériel et surtout antiopportuniste ; M. Lalou aurait donné lui-même cinquante mille francs. Quant au gendre de M. Grévy, il n'aurait pas jusqu'ici délié les cordons de sa bourse, mais il aurait offert sur l'argent versé par les actionnaires, quatre-vingt mille francs à M. Lallemand, directeur de l'*Avenir de la Vienne*, à Poitiers, pour qu'il fît entrer son journal dans une combinaison de propagande avec la *Petite France*, ce que ce publiciste aurait énergiquement refusé.

" Quant audit Laffineur qui, grâce à la recommandation de M. Wilson, alors sous-secrétaire d'Etat aux Finances, était devenu l'imprimeur en titre des Trésoriers payeurs généraux, il avait pour son protecteur une reconnaissance sans bornes, et il était évident qu'il serait à Tours l'agent le plus actif et le plus dévoué des intrigues de l'ambitieux Député d'Indre-et-Loire."

Rousseau, après m'avoir débité ces racontars avec une vivacité dont je ne l'aurais pas cru capable, me demanda si j'en avais déjà entendu parler, et dans le cas contraire, si je pourrais en faire vérifier l'exactitude, soit à Tours, soit à Beauvais.

Je lui répondis que je n'avais jamais entendu parler du sieur Laffineur ni de ses rapports avec M. Wilson, et qu'en ce qui concernait M. Lallemand, que j'avais le plaisir de connaître, avec qui j'étais dans les meilleurs termes, j'étais absolument convaincu, d'après ce que je connaissais de la dignité de son caractère et de sa haute intégrité, que si le gendre de M. Grévy avait voulu réellement acheter son concours et imposer une ligne de conduite à son indépendance politique, il devait, nécessairement, avoir répondu par un refus formel à une telle proposition.

(M. Lallemand, en effet, est non seulement un publiciste distingué et un artiste peintre de talent, mais encore un très honnête homme qui, par la délicatesse de ses procédés, la droiture de sa conduite, et la modération de sa plume, même au milieu des plus ardentes polémiques, a su, depuis qu'il habite Poitiers, conquérir l'estime de tous les gens de bien, sans en excepter ses adversaires politiques.

M. Lallemand est Alsacien ; en 1870, il fut un des premiers à s'enrôler pour la défense du pays menacé, et quand la guerre fut terminée, s'il revint au milieu des siens le cœur navré et pleurant la perte de la terre natale dont s'étaient emparé les envahisseurs, il eut, au moins, la consolation de recevoir la croix de la Légion d'honneur comme récompense de son courage et de son dévoûment à la patrie. M. Lallemand n'a qu'un défaut : il est républicain ; mais, comme les hommes de sa trempe sont excessivement rares dans la République, je suis heureux de pouvoir rendre publiquement hommage à sa loyauté, à sa sincérité politique et à ses éminentes qualités, en regrettant profondément qu'il n'appartienne pas au parti conservateur.)

.   .   .   .

Waldeck, après avoir réfléchi un instant sur la réponse que je venais de lui faire, me dit, alors, que M. Léon Say, qui était politiquement parlant un homme à tout faire, aurait eu comme homme privé, d'après les rapports qui lui avaient été transmis, certaines aventures qui n'étaient pas de nature à lui mériter complètement l'estime de ses collègues.

L'ex-Ministre des finances, qui avait, me dit-il, toujours beaucoup aimé les femmes, aurait notamment eu, simultanément, et dans deux quartiers différents de Paris, des rapports très suivis avec deux sœurs polonaises, fort jolies, dont les dépenses extravagantes, qu'il aurait couvertes, jointes aux pertes qu'il aurait éprouvées à la Bourse, avaient considérablement ébréché sa fortune.

Or, Rousseau, ce pur, ce pudibond, pour qui des femmes de Députés devaient bientôt se crêper le chignon dans les tribunes de la Chambre, ce tempérant dont je raconterai plus loin les petites débauches secrètes, osa alors ajouter que si M. Léon Say avait réellement eu des faiblesses telles que celles qu'on lui avait rapportées, et s'il avait déserté le toit conjugal, pour se livrer aussi ostensiblement à de libidineux écarts avec des horizontales, il méritait d'être dénoncé à l'opinion publique comme un homme dépourvu de tout sens moral et le dernier des libertins ! ! !

"M. d'A...," me dit-il ensuite, "il faut absolument que vous fassiez rechercher ce qui peut être vrai dans les communications qui m'ont été faites ; il est urgent, en effet, que je sois fixé sur le degré de moralité de cet ex-Ministre, qui vise à la présidence du Conseil, qui travaille dans l'ombre, je le sais, pour faire provoquer la chute du Cabinet. Vous comprenez combien il importe que je possède tout le dossier politique et moral de cet ambitieux personnage."

Je m'inclinai en signe d'assentiment, et me retirai avec la résolution bien arrêtée de ne pas me conformer aux instructions que je venais de recevoir.

Si le vaurien ministériel dont je m'occupe était capable de rendre hommage à la vérité, s'il n'était pas un menteur émérite, je le sommerais d'attester que je m'abstins absolument de lui fournir le moindre renseignement sur les prétendus excès de M. Léon Say, et que, malgré ses instances, je ne voulus jamais charger mes agents de surveiller la conduite privée de cet honorable Sénateur, que je regarde comme un parfait gentleman et un homme d'Etat éminent.

Mais je ne prendrai pas la peine de faire appel à la bonne foi de ce gredin, que Rochefort a maintes fois qualifié de faussaire, et qui, devant cette flétrissante épithète, n'a su que courber le front et avaler la couleuvre, sans même proférer la moindre protestation.

* * *

Le 31 décembre, à dix heures du matin, pour obéir à l'usage, je me rendis à l'hôtel Beauvau afin d'offrir mes vœux de bonne année au Ministre.

Je trouvai Waldeck dans son cabinet et occupé à dépouiller des rapports qu'il avait reçus de divers préfets touchant l'attitude politique de certains députés vis-à-vis de leurs électeurs, dans leurs départements respectifs, depuis l'ouverture des vacances parlementaires.

Je vis donc de suite que j'avais mal choisi mon moment pour accomplir l'acte de respectueuse déférence qui m'était imposé par ma situation. Toutefois, comme j'étais entré dans le sanctuaire, je crus devoir m'exécuter, et je me mis à débiter les mots sacramentels usités en pareille circonstance ; mais bien mal m'en prit, car le rustre haussa dédaigneusement les épaules pour m'indiquer, sans doute, que j'avais commis une insigne maladresse, et il me congédia d'un signe sans prononcer un seul mot.

Si je n'avais été fixé, depuis ma première entrevue avec cet homme, sur tout le degré de sa mauvaise éducation et sur toute l'étendue de sa hautaine brusquerie, son attitude, ce jour-là, aurait suffi pour me le faire juger comme le dernier des goujats ; mais je n'avais plus rien à apprendre sur son odieux caractère, et comme je ne pouvais pas protester, je me retirai sans mot dire en me promettant d'ajouter quelques lignes vengeresses à son dossier que je livre aujourd'hui à la publicité.

* * *

J'étais tellement indigné que je restai plusieurs jours sans me présenter chez le Ministre ; toutefois, comme je me devais avant tout aux devoirs que m'imposaient mes fonctions, j'allai, le 5 janvier, à l'hôtel Beauvau pour y prendre les ordres de Waldeck qui me reçut dans son cabinet bien que l'huissier de service lui eût fait connaître ma présence dans la salle d'attente.

" M'apportez-vous des nouvelles, M. d'A...," me dit le Ministre en me voyant entrer.

Je lui répondis que n'ayant rien appris, je ne pouvais rien lui dire, et que d'ailleurs il ne devait pas compter sur de nombreuses communications de ma part pendant les vacances parlementaires, puisque tous les personnages politiques avec qui j'étais en rapport, étaient absents de Paris.

" Il faudrait cependant, ajouta Rousseau, me renseigner sur les projets de Jules Simon, qui vient de commencer dans le *Gaulois* une campagne contre le scrutin de liste, et surtout sur les dispositions précises de l'entourage du Président de la République qui semble marcher d'accord avec ce sénateur politiquement *décavé* (sic), relativement à la discussion qui aura bientôt lieu, dans les deux Chambres, au sujet de cette grave question.''

Je promis à ce fantoche de faire rechercher quel pouvait être le but de l'illustre ennemi personnel de Gambetta en attaquant, avec tant de vivacité, la politique opportuniste, et de lui communiquer au plus tôt toutes les informations qu'il me serait possible d'obtenir par l'entremise de mes collaborateurs.

Or, le 7 janvier, je me rendis au Ministère vers neuf heures. Waldeck, qui était déjà dans son cabinet, voulut bien me recevoir sur-le-champ, quoiqu'il se trouvât déjà dans l'antichambre quelques membres du Parlement et quelques Préfets attendant leur tour d'audience. Il avait hâte, en effet, de connaître les renseignements que j'avais recueillis sur l'attitude prise par le *Gaulois* relativement au scrutin de liste.

" Eh bien, me dit Rousseau, en me voyant entrer, que savez-vous, qu'avez-vous appris ? ''

Je lui dis alors que je tenais d'une source très autorisée que M. Jules Simon, en faisant commencer dans son journal une campagne anti-revisioniste, n'avait cédé qu'aux inspirations de M. Grévy, qui regardait la revision comme un grand danger, puisqu'elle pouvait partager en deux camps la majorité républicaine ; ce qui était d'ailleurs assez clairement démontré par les polémiques que le journal la *Paix* venait aussi d'engager contre la revision.

Que d'autre part, un personnage très considérable, qui avait l'honneur de voir souvent le chef de l'Etat, m'avait affirmé que M. Grévy serait intraitable au sujet du scrutin de liste et ne permettrait probablement pas que cette question fut agitée au Congrès, attendu que le Congrès, s'il venait à avoir lieu, pourrait bien avoir pour conséquence la dissolution du Parlement.

Enfin, comme je tenais à bien accentuer cette communication et à caractériser nettement la situation que Gambetta s'était créée dans le monde parlementaire en soulevant aussi prématurément cette discussion, j'ajoutai que l'opinion générale était que le Cabinet mourrait du scrutin de liste.

(A suivre.)

MADAME D...

Vers le milieu du mois de mars 1881, le 13, je crois, une affreuse nouvelle, celle de l'assassinat du Tzar, parvenait au gouvernement et se répandait aussitôt comme la foudre dans le monde politique et parlementaire.

Le lendemain, tous les journaux, sans exception, s'occupèrent nécessairement de ce cruel événement.

Parmi les feuilles radicales, le *Citoyen* et l'*Intransigeant* se firent remarquer par leurs violences et par le cynisme avec lequel ils donnaient leur approbation à cet horrible attentat.

M. Constans, je dois le reconnaître, fut le premier à flétrir en termes très sévères ces articles indignes, disait-il, d'une plume française dans lesquels on semblait faire sans pudeur l'apologie de l'assassinat.

Son indignation, en cette circonstance, était-elle sincère ou bien ne lui était-elle inspirée que par la haine farouche qu'il ressentait contre le rédacteur en chef de l'*Intransigeant*? Je l'ignore. Ce qui est vrai, c'est qu'il approuva hautement les poursuites qui furent intentées à MM. Rochefort et Secondigné, en raison de leur odieux langage et de leurs inqualifiables attaques contre la famille impériale de Russie.

Le Ministre pensait que si ces deux journalistes radicaux, tous deux ennemis de Gambetta, venaient à être condamnés seulement à un an de prison, ils feraient comme Félix Pyat, ils repasseraient la frontière, et qu'on n'entendrait probablement plus parler d'eux.

Le 16 mars, ayant appris que Rochefort avait subitement quitté Paris, M. Constans me dit, en se frottant les mains :

" Vous le voyez, le gredin a peur, il veut se soustraire aux atteintes
" de la justice... Tant mieux, cela fera un de moins... mais s'il revient,
" comme je veux être tenu au courant, non seulement de ses intrigues
" révolutionnaires, mais encore de sa vie privée, je le ferai surveiller de
" si près qu'il ne pourra faire un pas, commettre une saleté politique,
" ou se livrer à une débauche quelconque, enfin dire une parole, sans
" que j'en sois immédiatement informé. "

" Mais, ajouta-t-il, pour arriver à ce résultat, il sera nécessaire
" de prendre le pamphlétaire par son faible ; il faudra lui *jeter dans*
" *les jambes* (sic) une femme jeune, jolie, adroite et séduisante, capa-
" ble, en un mot, de le captiver entièrement, et de lui arracher tous ses
" secrets. Prenez donc vos mesures, dès aujourd'hui, mon cher M. d'A..;
" c'est-à-dire, faites rechercher un collaborateur féminin qui possède
" toutes les qualités requises pour subjuguer ce sphynx redoutable,
" dès son retour, et le tenir à ma merci, si toutefois il ose rentrer à
" Paris. "

Telles furent les instructions que me donna alors M. Constans, avec cet air moitié bonhomme et moitié tartufe qu'il sait prendre à son gré, et par lequel il a le talent de rendre sa physionomie aussi terne qu'indéfinissable, et avec ce ton de voix doucereuse que l'accent méridional rendrait presque séduisante s'il n'y ajoutait ce décevant sourire que connaissent tous ceux qui l'ont approché, et qui, malgré sa séduction calculée, laisse deviner le plus profond cynisme.

Bien entendu, je promis au Ministre de tout faire tenter pour découvrir cette seconde merveille.

Le lecteur sait, en effet, que déjà j'avais pu trouver et embrigader, moi-même, Mme V..., cette femme aussi aimable que distinguée dont j'ai fait connaître, plus haut, les services et raconté la fin prématurée. Il faut croire que l'habile collaboration de cette Jurassienne l'avait mis en goût pour les agents féminins, puisqu'il me priait d'avoir, de nouveau, recours au sexe faible.

Or, comme Rochefort, qui n'avait nullement voulu se dérober pour éviter la Police correctionnelle, était revenu après une absence de quarante-huit heures, et que le Ministre, qui tenait à son idée, me renouvela avec instance les mêmes instructions, il fallut bien m'exécuter.

J'avais eu l'occasion de rencontrer dans une soirée semi-mondaine, semi-politique et semi-financière, où m'avaient appelé les obligations de mes fonctions, une jeune pécheresse, pas trop décolletée, assez réservée dans son langage et ses manières, un peu boulotte, mais très jolie malgré ce léger embonpoint, qui m'avait frappé par ses boutades spirituelles, ses câlineries de bon ton et par la gracieuse malignité de ses propos à l'égard des personnes et des choses dont il avait été question.

Dans un court entretien que j'avais eu avec elle, Mme D... m'avait appris qu'elle avait été un peu cabotine, qu'après avoir quitté le théâtre elle était devenue la maîtresse d'un financier aussi célèbre que véreux, dont j'aurai peut-être à m'occuper ailleurs, qu'elle était mère d'une adorable petite fille et qu'elle était en relations assez suivies avec des artistes célèbres, des journalistes en renom, et quelques gros bonnets de la haute finance. Mme D... avait bien voulu aussi me donner son adresse en m'autorisant à aller la voir.

Je pensai que cette quasi horizontale, qui était jeune, presque belle, qui paraissait aussi vive qu'intelligente, dont l'esprit m'avait semblé aussi prime-sautier que subtil, était bien la femme que m'avait si minutieusement décrite M. Constans, en un mot, l'agent qu'il me fallait.

Mais voudrait-elle consentir à faire partie de la police politique, à manger, elle aussi, au ratelier officiel des fonds secrets? j'avais évidemment des raisons pour le présumer, mais je n'en étais pas certain. Elle seule pouvait me dire si je n'avais pas trop compté sur son bon vouloir et sur ses aptitudes et résoudre ainsi la question.

Je crus donc que ce qu'il y avait de mieux à faire, c'était de me rendre chez elle pour lui soumettre carrément mon projet.

Mme D... habitait alors la maison n°... de la rue La Fayette, sise presque en face de la rue Chauchat. Elle y avait établi son nid au cinquième étage, sans doute pour éloigner de son sommeil le mouvement et les bruits si divers et si confus de cette voie passagère, et pour pouvoir respirer à pleins poumons sur son balcon, d'où la vue s'étendait jusqu'aux boulevards, l'air pur et transparent qui convenait à la délicatesse de son teint et à la nervosité de son tempérament.

Donc, le 17 mars 1881, après avoir escaladé cent-huit marches, je frappai à la porte de son appartement, que m'ouvrit sur-le-champ une jeune et très sémillante soubrette. Je remis ma carte et, deux minutes après, j'étais introduit auprès de la maîtresse de la maison.

Mme D... me reçut dans son boudoir. En m'apercevant, elle voulut bien se lever et venir au-devant de moi avec son gracieux sourire et en me tendant ses deux petites mains blanches et délicatement potelées, que je serrai dans les miennes avec le plus vif empressement.

Puis, après m'avoir montré un siège, elle se rassit elle-même, à côté du feu, dans un fauteuil à ressort, auquel elle se mit à imprimer aussitôt de légères bascules, en se dandinant avec une nonchalance toute enfantine qui donnait à ses mouvements un charme plein d'attraits.

Comme la matinée était froide, Mme D... était toute emmitouflée dans une élégante robe de chambre assez ouverte pour laisser entrevoir une gorge qui pouvait se passer de corset, et assez courte, assez indiscrète pour montrer un pied mignon chaussé de riches babouches or et grenat, et faire deviner la perfection de la jambe qu'elle semblait cacher à regret.

Quel bon vent vous amène, me dit-elle, et pourquoi avez-vous tant tardé de venir me voir ?

Moi : Je craignais d'être indiscret, Madame, et j'attendais une occasion favorable qui me permît de venir vous troubler dans votre délicieux reposoir, et de causer quelques instants avec vous.

Elle : Cette occasion est donc venue, puisque vous voici... Eh bien, parlez, Monsieur, je vous écoute.

J'expliquai alors à Mme D..., avec tous les ménagements que comportait le sujet, le concours que j'avais été chargé de demander à son tact, à son habileté et à sa vive intelligence, en lui faisant ressortir tous les avantages qu'elle pourrait retirer de la situation que je lui offrais.

Elle m'avait écouté, tout étonnée, mais l'oreille attentive, ses grands yeux fixés sur mon regard, comme pour distinguer si je parlais sérieusement ou si je ne me jouais pas de son entendement.

Puis, après quelques minutes de réflexion, elle s'écria en riant aux éclats :

— Quoi ! Monsieur, vous voulez faire de moi un agent secret politique ; vous voulez que *j'opère* (sic) pour le compte du gouvernement républicain... mais c'est très grave ; ce serait même drôle à force d'être sérieux. Et, d'ailleurs, pourrais-je rendre les services qu'on serait en droit d'attendre de moi ? je ne le pense pas, car mes relations sont peu étendues, et ma vie se passe dans un cercle d'amis assez restreint. Et puis, qu'aurais-je à faire et quels seraient mes émoluments ?

Evidemment, en parlant ainsi, Mme D... se rendait ; aussi, sans répondre aux diverses questions qu'elle venait de m'adresser, je lui dis que le Ministre de l'Intérieur, à qui je la présenterais le lendemain, si cela, toutefois, était à sa convenance, s'était réservé de lui indiquer, dans toutes ses particularités, le rôle qu'elle aurait à remplir.

Soit, me répondit-elle, en se levant avec une vivacité enfantine, nous irons chez le ministre quand vous voudrez... Un ministre, ce doit être curieux à voir de près... Or, comme cela ne m'est jamais arrivé, ce sera pour moi une surprise et un spectacle tout à la fois.

Je la quittai, là-dessus, en la priant de vouloir bien se trouver le lendemain, à cinq heures, à l'hôtel Beauvau, où je l'attendrais dans l'antichambre ministérielle.

Mme D... fut exacte. Le Ministre, que j'avais prévenu de sa visite, nous attendait dans son cabinet; aussi nous reçut-il sur-le-champ.

Après les compliments d'usage, M. Constans, qui avait examiné rapidement des pieds à la tête la jeune personne que je lui présentais, et qui s'était sans doute bien rendu compte de ses attraits physiques, abordant vivement la question, lui demanda si elle avait bien réfléchi, et si elle était décidée à faire partie de son administration secrète.

Oui, répondit sans hésiter Mme D..., si l'emploi n'est pas trop difficile et si surtout il doit me procurer de gros profits.

Le Ministre lui dit alors que le rôle qu'il voulait lui confier n'avait rien de pénible ; qu'elle aurait tout simplement, les jours de grande séance, à se rendre à la Chambre ou au Sénat, où une place lui serait toujours réservée dans une loge officielle, et où elle pourrait surprendre les conversations des personnages assis à ses côtés ; en ajoutant qu'il désirait aussi qu'elle pût se mettre en rapport, par des moyens dont il lui laissait le choix, avec quelques jeunes députés radicaux, légitimistes ou bonapartistes, qui étaient les trouble-fêtes du gouvernement.

Puis, simulant d'être frappé tout-à-coup d'une idée inattendue :

" Connaissez-vous Rochefort ? lui dit-il, en la regardant avec cette fixité terne, presque blafarde, qui est le caractère prédominant de sa physionomie, qu'on pourrait croire hébétée, s'il ne l'éclairait de son sourire si effrontément narquois.

" Connaissez-vous Henri Rochefort ? "

" Un peu, répondit Mme D..., car j'ai eu l'occasion de le rencontrer quelquefois dans des réunions d'artistes, ou à des soupers de centième, auxquels, lui et moi, nous avions été invités. Mais je pourrais le connaître beaucoup plus, si cela était nécessaire, par l'intermédiaire d'une de mes meilleures amies, Mlle M..., artiste du théâtre de la Porte-Saint-Martin."

" A merveille, lui dit alors M. Constans. Allez, madame, voyez Mlle M..., arrivez par elle jusqu'à Henri Rochefort, emparez-vous, si vous le pouvez, de la confiance de ce révolutionnaire, *tirez-lui les vers du nez*, et ne manquez pas de venir me communiquer, vous-même, tout ce qu'il aura pu vous dire. D'ailleurs, veuillez me laisser votre adresse, afin que je puisse aller vous voir, et vous renouveler mes instructions. A propos, en attendant mieux, vous recevrez mille francs par mois.''

Mme D... partit enchantée, en riant comme la veille aux éclats, et en répétant que cela allait être bien drôle.

Je l'accompagnai jusqu'à la voiture qui l'avait amenée au Ministère et qui l'attendait dans la cour, et, au moment où elle y montait, elle exclama, en me serrant la main :

" Ce n'est donc que ça un Ministre ; en vérité c'est beaucoup moins " que je ne croyais... ; celui-là me semble un peu bourru, mais il a une " bonne tête, et je suis sûre que j'en ferais quelque chose si je le " voulais.''

Le lecteur pourra bientôt se convaincre qu'elle ne s'était peut-être pas trompée dans ses prévisions.

Après son départ, je rentrai dans le cabinet pour prendre les ordres du Ministre, qui s'empressa de me féliciter de ma trouvaille, en ajoutant que j'avais eu la main très heureuse ; que Mme D... était charmante, pleine de grâce et d'attraits, et qu'il pensait qu'elle s'acquitterait avec succès du rôle qu'il venait de lui confier.

Le 29 mars, Mme D... revint, pour la première fois, à l'hôtel Beauvau. Elle apporta au Ministre quelques communications sans importance, en s'excusant de n'avoir pu faire mieux.

M. Constans la rassura, en lui disant qu'elle avait besoin de faire son apprentissage, et en lui conseillant de ne pas se décourager.

En la congédiant, il ne manqua pas de lui renouveler qu'il irait la voir pour lui préciser ses instructions.

Le 6 avril, comme je n'avais plus revu ma nouvelle recrue dont le Ministre semblait affecter de ne pas me parler, je crus devoir lui faire une nouvelle visite. Or, bien m'en prit, comme on va le voir.

Mme D... me fit savoir, en effet, que la veille elle s'était rendue à l'hôtel Beauvau, où M. Constans, qui l'avait accueillie avec le plus vif empressement, lui avait remis mille francs et lui avait témoigné, avec beaucoup d'effusion, tout l'intérêt qu'il lui portait et le cas qu'il faisait de sa gracieuse collaboration, en lui laissant entrevoir tout le prix qu'il se sentait disposé à attacher, plus tard, à ses précieux services.

Le Ministre, ajouta Mme D..., lui avait dit aussi qu'elle n'avait pas besoin de se tourmenter au sujet de la tâche policière qu'il lui avait confiée, d'autres agents faisant momentanément la besogne pour elle, et qu'il la préviendrait lorsque les circonstances rendraient nécessaire l'intervention de son habileté et de toutes les ressources de son esprit et de ses attraits.

Puis, toujours d'après Mme D..., il l'avait accompagnée jusqu'à la porte de son cabinet et, après lui avoir pressé chaleureusement la main, il l'avait priée de ne pas revenir au Ministère avant qu'il ne lui eût fait lui-même la visite promise, à son cinquième étage, qui devait, lui avait-il dit, être un petit Eden.

Je connaissais, depuis longtemps, l'impressionnabilité méridionale de mon *supérieur* ; aussi ces confidences ne me causèrent-elles aucune surprise ; toutefois j'en fus très péniblement affecté.

Il ne me convenait pas, en effet, d'apprendre qu'un Ministre, qui avait pour premier devoir de sauvegarder, en toute circonstance, la dignité de ses hautes fonctions, était peut-être sur le point de se laisser aller à des familiarités compromettantes avec une agente secrète, et de transformer en fonctions plus intimes et d'un caractère tout particulier, le rôle tout spécial qu'il l'avait chargée de remplir à l'égard de M. Henri Rochefort.

Je résolus donc, sur-le-champ, de suivre toutes les phases de l'intrigue que ces premières tentatives de M. Constans semblaient me faire prévoir, et je convins avec Mme D... qu'elle me tiendrait minutieusement au courant de toutes les hardiesses dont pourrait se rendre coupable ce Ministre aussi inflammable que peu prudent.

Le soi-disant rusé Toulousain ne connut jamais ce pacte par lequel devaient m'être livrées ses secrètes tendresses, et c'est sans doute avec une surprise mêlée d'effroi qu'il apprendra, par ce récit, que j'ai été initié aussi bien à l'intempérance de ses passions qu'aux erreurs et aux violences de son incapacité politique.

Mais cela n'est rien encore à côté de tout ce que je pourrai écrire plus tard sur les étranges agissements de ce ridicule histrion dont par la grâce de Gambetta on avait fait un gros fonctionnaire gouvernemental.

Le 19 avril, vers six heures, en sortant du cabinet ministériel, je trouvai dans l'antichambre Mme D... que M. Constans avait mandée, me dit-elle, par télégramme, et qui attendait son tour.

L'huissier ayant appelé son nom, je me retirai aussitôt, mais, au lieu de quitter l'hôtel Beauvau, j'allai me poster dans la cour d'honneur pour attendre la sortie de la charmante demi-mondaine, avec l'espoir qu'elle pourrait me faire quelques nouvelles confidences.

Mme D... ne tarda pas à venir et elle me raconta que le Ministre lui avait fait les déclarations les plus extravagantes et s'était même abandonné aux aveux les plus *audacieux*, qu'il lui avait aussi appris, avec un certain dépit, que la veille il s'était rendu incognito à la rue La Fayette pour la voir, mais que, s'étant trompé d'adresse d'une vingtaine de numéros, il n'avait pu, partant, la rencontrer chez elle, et était revenu tout déconfit à l'hôtel Beauvau ; et que c'était surtout pour être fixé positivement sur le véritable numéro de sa demeure qu'il l'avait fait prier de venir au Ministère.

M. Constans avait ajouté que, se sentant pris d'un irrésistible désir de lui faire, dans l'intimité, des confidences toutes particulières, il se rendrait chez elle le surlendemain, afin de réparer l'erreur que sa mauvaise mémoire lui avait fait commettre.

Donc, le 22 avril, (c'est Mme D... qui parle) le Ministre qui cette fois, ne s'était pas trompé d'adresse, vint à neuf heures du matin sonner à la porte de son agente secrète. Celle-ci était encore couchée; mais elle s'était empressée de sauter du lit, de se vêtir d'un peignoir, et, les pieds demi-nus, à peine chaussés de ses orientales babouches, les cheveux en désordre, elle était allée le recevoir dans son boudoir.

M. Constans, dans cette entrevue, s'était livré à des libertés assez indiscrètes, en s'excusant du dérangement matinal qu'il avait causé et en manifestant le regret d'avoir obligé sa charmante subordonnée de quitter sa chambre à coucher par un froid aussi retardataire que pénétrant.

Comme Mme D... lui avait, à son tour, exprimé le regret de n'avoir pas encore pu rendre les services qu'on attendait d'elle, le Ministre l'avait priée de nouveau de ne pas s'en inquiéter en l'assurant qu'il lui serait toujours assez utile en retour des appointements qu'il lui donnait.

Trois jours après, le Ministre était retourné à la rue La Fayette, et, cette fois, il avait pu pénétrer dans le sanctuaire où reposait Mme D...

La charmante demi-mondaine m'a bien initié, en présence d'un témoin, (Mr P. G.) que M. Constans ne saurait récuser, car il est devenu, depuis, son ami intime, m'a bien initié, dis-je, à tous les détails de l'entretien qu'elle eut ce jour-là avec son *supérieur*, mais je crois devoir me dispenser de les communiquer au lecteur.

Tout ce que je puis dire, c'est que les visites de M. Constans se renouvelèrent et que cet habile Toulousain put user, à son gré, de l'hospitalité attrayante de Mme D... et aller s'entretenir matinalement avec elle des agissements révolutionnaires d'Henri Rochefort, qu'il avait indiqué à sa secrète surveillance.

Mais la vive sympathie que ce méridional aussi enthousiaste que versatile avait ressentie pour son agente particulière, ne tarda pas à se calmer, et il cessa bientôt de se rendre à la rue La Fayette.

En effet, le 5 mai, comme je me trouvais chez Mme D... avec un de mes amis, notable commerçant à Bordeaux, cette charmante femme nous raconta que non seulement M. Constans avait déjà mis fin à ses visites, mais encore que, comme un malotru qu'il était (*sic*), il avait refusé de la recevoir à l'hôtel Beauvau.

" Cependant, ajouta-t-elle, je l'ai pincé hier à sa sortie de l'Elysée et il lui a bien fallu me promettre, pour demain, une entrevue au cours de laquelle il aura à m'expliquer l'étrangeté de ses procédés.

" Toutefois, continua-t-elle, l'essentiel pour moi, c'est que M. Foubert continue à me remettre tous les mois, les mille francs promis.

" Quant au Ministre lui-même je m'en moque absolument. "

Or, je puis affirmer qu'elle s'en moquait de la belle manière; et si M. Constans veut bien se renseigner à ce sujet auprès de certains de ses amis, il pourra apprendre quelles gorges chaudes on faisait chez Mme D... de sa rudesse, de son manque de savoir-vivre et de sa grossièreté.

Le soir de ce même jour, 5 mai, le Ministre prit, à la gare d'Orléans, le rapide de 8 heures pour se rendre à Toulouse où il allait, me dit-il, passer deux ou trois jours, incognito, pour se retremper à l'air natal.

Donc, Mme D... étant venue le lendemain au Ministère pour rencontrer son puissant *patron*, n'y trouva que le débonnaire Foubert, qui se borna à lui remettre mille francs pour ses appointements du mois d'avril, sans lui fournir le moindre renseignement au sujet du voyage précipité de M. Constans.

Il s'est exécuté, me dit quelques jours après la spirituelle demi-mondaine que je rencontrai, dans les bureaux d'un gros financier chez qui elle avait ses grandes et ses petites entrées ; il s'est exécuté ; j'ai eu mon argent et c'est tout ce que je demandais ; quant à lui, il peut s'en aller au diable avec sa politique policière et son croquemitaine Rochefort, et il peut être certain que je n'irai pas l'y chercher.

M. Constans se garda bien d'aller au diable ; il revint à l'hôtel Beauvau pour y continuer ses tripotages politiques et ses intrigues parlementaires, et s'occuper, aussi ministériellement qu'il le pouvait, des affaires de l'Etat.

Mais il ne revit plus Mme D... Ses sympathies, ainsi que je le démontrerai dans une autre partie de mes mémoires, s'étaient portées ailleurs.

Toutefois, tant qu'il resta au pouvoir, il ne manqua jamais de faire servir à son agente secrète la subvention mensuelle promise, et quand il quitta l'hôtel Beauvau, le 15 novembre 1881, il voulut bien la recommander, comme il l'avait fait pour Mme V..., à son successeur, M. Waldeck-Rousseau, qui, ainsi que je l'ai dit ailleurs, les maintint l'une et l'autre dans leurs fonctions pendant toute la durée du Grrrrand Ministère.

Personne n'ignore qu'après l'avènement du Ministère Gambetta, M. Constans transporta ses pénates au n° 18 de la rue Miroménil, qu'il habite encore ; et où, grâce à ses rapides économies, il s'installa avec un luxe tellement effronté que ses amis, même les plus intimes, sans en excepter Lebaudy (celui des Suez), ne purent s'empêcher d'en gémir tout haut, en déclarant que l'audace de l'ex-Ministre avait dépassé toutes les bornes.

C'est là qu'après la chute du Grand Ministère, lorsqu'elle eut été remerciée presque insolemment par le goujat Goblet, (comme l'a si justement qualifié l'honorable M. de Pène) c'est là, dis-je, que Mme D... osa un jour, se rendre avec l'intention de solliciter M. Constans d'intervenir en sa faveur auprès de ce *canard* d'Amiens, pour lui faire restituer la gratification mensuelle habituelle.

Mais le madré Toulousain qui, n'étant point alors dans les meilleurs termes avec le nouveau satrape de l'hôtel Beauvau, ne voulait pas sans doute tenter une démarche inutile, et qui, n'ayant plus les fonds secrets à sa disposition, ne tenait pas non plus à délier les cordons de sa bourse personnelle, refusa obstinément de la recevoir.

Enfin, en désespoir de cause, Mme D..., ayant pris son courage à deux mains, alla un beau matin relancer M. Constans au siège même de l'administration des chemins de fer de l'Etat, dont il faisait partie. Mais l'ex-Ministre ne voulut rien entendre, et il congédia la jeune femme avec une hautaine suffisance, en lui enjoignant de ne plus troubler ses travaux et son repos.

Mme D..., sur mes conseils, se le tint pour dit ; mais elle a gardé contre cet homme une rancune et un incommensurable dédain qu'elle se complaît à manifester toutes les fois qu'il est question devant elle de l'ancien fabricant d'engrais catalans.

NOTA

Je publierai, dans la livraison suivante, comme appendice au fameux procès du *Triboulet*, un chapitre complémentaire, dans lequel je démontrerai, avec des détails inédits très circonstanciés, voire avec des preuves à l'appui, toute l'étendue de la duplicité, de l'astuce et du cynisme politiques qui caractérisent au plus haut degré l'odoriférant Constans.

UNE HISTOIRE BIEN ÉTRANGE

Il y avait une fois un jeune homme qu'une fée bienfaisante avait visité à son berceau, car il était doué des plus rares qualités et il avait été voué aux plus brillantes destinées.

Ce jeune homme était blond ; il était presque beau ; il était riche, très riche même ; aussi fut-il élevé avec tout le luxe et tout le confort que comportait la situation exceptionnelle de sa famille.

Mais il devint très dissipateur, tellement dissipateur, que pour mettre un terme à ses extravagances et à ses folies, on fut obligé de le pourvoir d'un conseil judiciaire et de l'éloigner de Paris.

Or, il se trouva qu'au cours de sa vie aventureuse et dissolue, il avait eu la faiblesse de répondre d'une somme de douze mille francs au profit d'une de ses maîtresses, Mlle R..., et de signer des billets qui ne furent pas payés à leur échéance.

Aussi, le beau jeune homme, après les poursuites nécessaires, fut-il arrêté comme mauvais débiteur, par suite d'une juridiction spéciale applicable aux *étrangers non naturalisés.*

Cette arrestation fut opérée le 13 ... 186..., au château d'E..., où le jeune homme blond s'était réfugié auprès d'un membre de sa famille, qui s'empressa, bien entendu, de satisfaire aux légitimes exigences de son intraitable créancier.

Cet ex-jeune homme, qui depuis s'est considérablement amendé, dont la bedaine comme la bourse s'est beaucoup arrondie, qui est devenu un gros financier et un homme politique, et qui a épousé la fille d'un des plus hauts dignitaires de la République, cet ex-beau, aujourd'hui bouffi, presque chauve, demi-voûté, vieilli avant l'âge par ses incessantes intrigues et son incommensurable ambition : cet ex-viveur, enfin, que des records impitoyables avaient voulu mettre à l'ombre, siége actuellement à la Chambre des députés, où il reçoit les génuflexions de tous ceux qui ambitionnent le pouvoir.

L'ex-soupeur du Café Anglais est maintenant un gros légume parlementaire, avec lequel doivent compter les ministres actuels et les ministres futurs.

Son nom figure parmi ceux des républicains qui viennent de voter l'exil des princes.

Mais ce proscripteur, est-il Français ?
That is the question !

L'EX-POLICIER ANDRIEUX

(*Suite.*)

Cependant, la lutte entamée entre M. Andrieux et le Conseil municipal avait dépassé la personne du Préfet de Police, et pour se venger des prouesses du fonctionnaire, c'est l'institution elle-même que voulait atteindre l'assemblée de l'Hôtel-de-Ville, en supprimant le budget de la Préfecture.

En cette circonstance, Jules Roche avait été de nouveau l'instigateur et le meneur des intrigues qui avaient occasionné une rupture définitive entre le Conseil et le Gouvernement.

Le 18 juin, M. Constans m'annonça que le Ministère, justement alarmé des dispositions belliqueuses du Conseil municipal, était bien décidé à rétablir, par un décret, le budget de la Préfecture de Police supprimé par le vote des édiles parisiens, et que, de plus, il avait été personnellement chargé de préparer un projet de loi destiné à soustraire l'institution de la police aux tentatives dissolvantes des révolutionnaires et des communards de l'Hôtel-de-Ville. Il ajouta que, dans son esprit, la loi devrait porter sur la divisibilité de la Préfecture de Police, et qu'il s'attendait, à ce sujet, à des résistances de la part de l'autoritaire Andrieux.

Tant mieux ! m'écriai-je, car cela vous permettra enfin de le renvoyer à son banc de député, et de le remplacer par M. Camescasse.

Le Ministre ne répondit rien, se contentant de sourire avec une satisfaction très marquée.

M. Constans ne s'était pas trompé sur les dispositions du Préfet de Police. En effet, le 7 juillet, M. Andrieux, appelé devant la Commission chargée d'examiner le projet du Gouvernement, avait longuement combattu ce projet et défendu avec énergie l'indivisibilité de la Préfecture de Police.

Le lendemain, 8 juillet, à six heures du soir, M. Constans, s'entretenant avec moi de cet incident parlementaire, qui avait profondément froissé la majorité, me déclara très nettement, cette fois, que l'heure était enfin venue pour le Préfet, et que, s'il tardait à donner sa démission, il ferait décréter sa révocation.

Le 15 juillet, le Ministre, que je trouvais très gai et plein d'entrain, répondant à une question que j'avais pris la liberté de lui adresser au sujet du départ de M. Andrieux, dont il était question dans presque tous les journaux, me répondit textuellement :

" Patientez, mon cher d'A..., et, avant quelques jours, vous " aurez une surprise dont vous serez peut-être charmé."

Le 15, comme j'entrais dans son cabinet, à cinq heures du soir, il me pria de me retirer, en me disant qu'il attendait à toute minute la démission du Préfet de Police ; mais la démission ne vint pas ce jour-là.

Enfin, le lendemain, 16 juillet, dans la soirée, le Ministre de l'Intérieur, l'air tout joyeux, la face épanouie, le sourire aux lèvres — ce sourire caractéristique que j'ai déjà dépeint, me faisait savoir que le turbulent satrape de la Préfecture de Police, cédant aussi bien à ses instances qu'à la pression de l'opinion parisienne, s'était enfin exécuté en adressant sa démission à M. le Président du Conseil.

C'est fait ! accentua M. Constans, en manifestant tout le plaisir et tout le soulagement que lui causait cette renonciation forcée de M. Andrieux aux hautes fonctions qu'il tenait de M. Lepère, quoi qu'il en ait dit, et qu'il n'avait presque exclusivement exercées que pour faire naître, par son tempérament cassant, hautain et provocateur, la discorde et des conflits entre le Conseil municipal et le Gouvernement.

L'ex-Préfet déclare, dans ses *Souvenirs*, qu'après avoir écrit la lettre qui portait sa démission à M. Jules Ferry, il se rendit à la place Beauvau pour en faire part à M. le Ministre de l'Intérieur, qui accueillit la nouvelle avec une satisfaction très marquée.

" M. Constans, ajoute l'ex-Policier, me retint à déjeuner ; la conversation fut pleine d'entrain et de gaieté. Nous n'avions jamais été aussi satisfaits l'un de l'autre... "

" Pour reconnaître sa gracieuse hospitalité, continue-t-il, après lui avoir demandé la permission de lui donner un dernier conseil, je dis à mon ancien ministre : Eh bien, puisque vous avez à nommer un Préfet de Police, ne choisissez pas un député... "

Or, ainsi que je l'ai dit plus haut, M. Constans n'avait pas attendu la recommandation *in extremis* de son ex-subordonné, pour prendre la résolution de choisir son successeur en dehors du Parlement. Donc, en insinuant que la nomination de M. Camescasse pourrait être due à son conseil, M. Andrieux ne fait preuve que de cette outrecuidance dont il est si coutumier.

Mais l'ex-Préfet émet une vérité incontestable quand il ajoute que le Ministre ne dissimula pas le contentement que lui causaient son départ du Boulevard du Palais et la cessation de ses fonctions.

Je puis même affirmer que la satisfaction de M. Constans fut plus grande et plus complète qu'il ne l'a jamais supposé, et que le soir de ce jour mémorable (16 juillet 1881), nous fîmes tous, à l'hôtel Beauvau, des gorges chaudes de sa mésaventure.

(A suivre.)

SOMMAIRE

DE LA CINQUIÈME LIVRAISON